COMO GANHAR DINHEIRO COM O SEU BLOG EM 2019

APRENDER A GERAR RENDA ONLINE PASSO A PASSO, GERAR MILHARES DE VISITAS AO SEU SITE, TORNAR-SE UM BLOGUEIRO ESPECIALISTA

Gaston Echevarria

Primeira Edição

Tabela de Conteúdos

Introdução

Quer ganhar dinheiro no mundo dos blogs lucrativos? Você está ansioso para se tornar um desses blogueiros de 6 dígitos de que você já ouviu falar tanto?

Se assim for, você vai querer ler cada palavra deste relatório especial, porque eu vou mostrar-lhe exatamente como você pode se juntar às fileiras daqueles que têm cultivado o acompanhamento regular do comprador através de uma rede de blogs altamente segmentados.

Eu eliminei a confusão e o tempo perdido para que eu possa te levar ao coração de blogs de sucesso sem complicar muito o processo, ou forçar você a passar por uma longa curva de aprendizado.

Porque a verdade é que não tem de ser assim tão complicado.

Ganhar dinheiro com blogs de nicho cuidadosamente projetado não é tão difícil de fazer. Na verdade, se você está procurando uma maneira rápida e fácil de configurar a loja para que você possa começar a ganhar dinheiro online sem um grande investimento, blogging é o caminho a seguir.

Criando blogs de alta qualidade em seu nicho ou indústria que geram tráfego e fornecem conteúdo valioso e informações para o seu mercado também é um dos métodos mais eficazes para construir uma presença autoritária e estabelecer-se dentro de sua indústria, além de incríveis margens de lucro, blogs colocá-lo em uma grande posição dentro do seu mercado.

E sabes que mais? A melhor parte desta estratégia é que também é excepcionalmente fácil de fazer e muito rentável. Não custa muito dinheiro criar um blog. Na verdade, a maior parte do trabalho envolve o seu tempo - não os seus dólares.

Então, sem mais delongas, vamos começar já!

Você pode ganhar muito dinheiro com blogs?

Aqui está a verdade sobre blogs de seis dígitos: Embora os blogs possam (eventualmente) ser automatizados, você não deve esperar que as receitas sejam passivas desde o início. Você terá que trabalhar nisso, especialmente quando estiver lançando seu blog e construindo uma plataforma que você quer que seja reconhecida em seu mercado.

Quando eu comecei a blogar eu passei 30-50 horas por mês criando conteúdo, transformando os visitantes em assinantes de e-mail e vender produtos e serviços (nenhum dos quais eu me criei - eu me concentrei inteiramente no marketing da filial. Mais sobre isso mais tarde).

Enquanto eu eventualmente terceirizei a maior parte do meu conteúdo para escritores especialistas, eu ainda gasto tempo avaliando opções de publicidade, revendo os produtos que posso promover, construindo minha lista de discussão e criando campanhas publicitárias para aumentar o tráfego e manter meus blogs na vanguarda.

Embora você possa delegar muitas tarefas a uma equipe, como criação de conteúdo e até mesmo marketing, você vai querer estar diretamente envolvido na fase inicial da construção. Esta é a tua marca, afinal de contas. Você precisa ter certeza de que cada conteúdo tem sua voz, transmite sua mensagem e representa seu negócio da melhor maneira possível.

Ninguém nunca será tão cuidadoso e profissional com a construção de seu blog como você é, certo? Por isso, mantenha os calcanhares e comprometa-se a passar os primeiros meses de construção do seu blog desde o rés-do-chão. Então, e só então, você deve começar a criar uma equipe que irá ajudá-lo a gerenciar seu blog e, eventualmente, expandir para outras avenidas com outros nichos baseados em blogs (se você decidir fazer isso).

Novamente, o blogging não é de modo algum um método mãos-livres para ganhar dinheiro durante os estágios INICIAIS. Você deve estar preparado para colocar em algum tempo e esforço se você realmente quer ter sucesso.

Mas as boas notícias? O teu trabalho árduo vai valer a pena.

As melhores maneiras de ganhar dinheiro com o seu blog

Embora existam inúmeros relatórios e artigos que complicaram demais o processo de ganhar dinheiro com os blogs, aqui está um resumo básico de como isso é feito:

1: Crie um blog e registre um domínio memorável. Evite opções hospedadas remotamente. Você precisa ter controle total do seu site para que você possa tirar proveito de todas as diferentes opções de renda sem limitações (ou anúncios de outras pessoas).

2: Escrever (ou terceirizar) conteúdo que gere tráfego e atraia visitantes. Este conteúdo deve ser de alta qualidade, específico e informativo. Só carne, nada de vegetais.

3: Transforme seus visitantes em assinantes de e-mail para que você possa criar sua lista. Um boletim informativo é fundamental para construir um blog online de sucesso. Raspe isso; uma newsletter é essencial para ter sucesso em quase todos os mercados online. Nunca ganharás tanto dinheiro sem um.

4: Comunique-se com esses assinantes regularmente para que suas listas não fiquem frias. Construir uma relação de comunicação e confiança. Incentive as relações com o seu mercado. Aqui é onde você pode construir uma marca reconhecida como uma autoridade no seu mercado e diferenciar-se da concorrência (especialmente daqueles blogueiros que não estão fazendo isso!).

5: Venda produtos e serviços para o seu público através do seu blog e da sua newsletter recém-cultivada.

Parece muito fácil, não parece? E é. Mas vai levar tempo. Vamos um pouco mais fundo em cada um desses passos para que você possa entender melhor como funciona.

➤ *CRIE SEU BLOG*

Este relatório se concentra em como ganhar dinheiro com o seu blog, então eu não vou entrar em detalhes sobre a construção da plataforma. Basta saber que você deve sempre escolher um domínio memorável que visa o seu mercado e que você criou uma conta de hospedagem profissional que contém o seu blog. Não use um host gratuito ou opção de hospedagem remota como o Blogger.

➢ *CRIAR CONTEÚDO PARA O SEU BLOG*

O tipo de conteúdo que você criar dependerá do seu público-alvo, mas cada peça de conteúdo deve ser sempre informativa e o tópico mais suculento e relevante que você possa pensar.

Seu conteúdo será o que impulsiona o tráfego e mantém os visitantes voltando ao seu blog. Você precisa estabelecer o seu blog como uma fonte informativa de conteúdo em seu mercado, por isso não se esqueça de gastar mais tempo desenvolvendo conteúdo atraente (ou terceirização para escritores experientes que conhecem o seu mercado dentro e fora).

Dica interna: Uma maneira fácil de fornecer valor adicional em seu site é usar um plugin como www.PostGopher.com que irá converter o conteúdo do seu artigo em arquivos PDF que seus visitantes podem salvar em seus computadores. Isso lhes permite lê-lo mais tarde, mantendo sua atenção e aumentando suas chances de digerir seu conteúdo.

> ## ➢ *CONSTRUIR E CONVERTER CLIENTES*

Você precisa estar sempre trabalhando para construir sua lista. Este é um processo que você pode configurar no piloto automático usando formulários opt-in no site que capturam informações dos visitantes e as adicionam à sua lista de discussão. Plugins como www.OptinMonster.com facilitam a adição de visitantes às suas listas de discussão.

Ofereça um incentivo para aqueles que se juntarem às suas listas, como fornecer-lhes um relatório especial não disponível em nenhum outro lugar do seu blog, ou ofertas e descontos especiais em produtos e serviços. Você sempre tem que entregar mais do que precisa e começar com cuidado. Não inunde seus assinantes com ofertas pagas imediatamente - estabeleça um relacionamento com eles primeiro e deixe-os saber que você está cuidando de seus interesses.

Em seguida, criar campanhas autoresponder que irá transmitir uma variedade de valiosas, ofertas gratuitas para seus assinantes ao longo do tempo. Eu pessoalmente criei um e-mail introdutório e de boas-vindas para enviar meus assinantes assim que eles se juntarem à minha lista.

Então, 2-3 dias depois, eu tenho outro e-mail automatizado que oferece um relatório especial gratuito no meu nicho. Então, uma semana depois, comecei a condicioná-los a abrir meus emails porque eles sabem que vão ganhar valor por isso. Outra oferta gratuita, um código de desconto especial ou um infográfico especial baseado no que mais interessa aos meus visitantes.

Só 7-12 dias depois é que começo a vender activamente, e faço-o o mais passivamente possível. Em vez de ofertas ousadas e cara-a-cara, eu trabalho COM eles, fornecendo-lhes recursos ou ferramentas valiosas que eu acredito que ajudarão ou melhorarão suas vidas de alguma forma.

Quando os assinantes sentem que você é um amigo que cuida deles, em vez de um vendedor cujo único interesse é ganhar dinheiro, eles responderão de acordo. Então, não seja um comerciante agressivo de e-mail - seja um blogueiro profissional com um pulso em seu mercado e um que está disposto a ir a distância para o seu visitante (e potenciais clientes).

> ***Ganhar a sua confiança e respeito.***

E finalmente, vender produtos e serviços como se não fosse da conta de ninguém! É aí que você vai começar a ganhar dinheiro com seu blog e, como você faz, você vai ver o que seus visitantes estão respondendo para que você possa ajustar seu sistema e começar a adaptar suas campanhas de e-mail e o conteúdo do seu blog, dependendo do que mais lhes interessa.

O que nos leva à essência deste relatório: COMO ganhar dinheiro.

Que produtos ou serviços você deve vender? Como você pode transformar conteúdo livre em lucro? Como você pode usar seu blog como uma ferramenta de geração de leads que lhe permite ganhar dinheiro em uma base consistente?

Vou mostrar-te como no próximo capítulo.

Afiliados!

Um dos aspectos mais importantes da construção de um blog rentável é decidir qual a forma de monetização vai funcionar melhor para o seu mercado.

Há muitas opções diferentes disponíveis para você, então descobrir com qual começar (e finalmente calibrar qual formato seus visitantes são mais propensos a responder) é geralmente a parte mais complicada do processo.

Então vamos quebrá-lo para que você possa criar um sistema seguro que lhe permitirá ganhar dinheiro em pouco tempo, evitando as opções de baixo rendimento de que tantas pessoas são vítimas.

DEFINE O TEU OBJECTIVO:

Você pode iniciar um blog simplesmente porque você está interessado em escrever conteúdo para o seu nicho de mercado. Talvez você tenha muitas informações para compartilhar e gostar de ajudar os outros. Ótimo! Mas, você ainda precisa definir o propósito do seu blog.

Seu blog é projetado para atrair visitantes com conteúdo útil e gratuito que você pode transformar em uma vantagem?

Você está planejando usar seu blog para oferecer uma oferta gratuita em troca de um endereço de e-mail para criar listas de discussão específicas?

Se assim for, então o seu blog é um

mecanismo para gerar clientes potenciais e que é o seu objetivo.

O objetivo da criação de um blog não é apenas para ganhar dinheiro vendendo produtos e serviços diretamente, seja com suas próprias ofertas ou através de ofertas de marketing da filial. Seu blog também deve ser uma ferramenta para gerar clientes potenciais, uma maneira de entrar no seu mercado, e construir autoridade em seu nicho.

Então, *como você deve começar a monetizar o seu blog?*

> ➤ ***Marketing de afiliados!***

Mesmo que você tenha um produto ou serviço próprio, se você é novo para o seu nicho e não são estabelecidos como um desenvolvedor de produtos, você deve começar por criar conteúdo atraente para o seu blog e monetizar esse conteúdo com produtos e serviços estabelecidos de proprietários de empresas que oferecem opções de marketing da filial.

Você pode então sifonar a credibilidade desses profissionais estabelecidos, e melhor ainda, você pode deixá-los fazer a maior parte do trabalho!

Com o marketing da filial, você não está preso em desktops que suportam os e-mails de clientes que precisam de ajuda.

Você não está trabalhando com designers gráficos, material promocional e kits de mídia para fornecer ferramentas para os promotores usarem.

Você não está trabalhando em atualizações de produtos, perseguindo e reparando problemas ou bugs em seu software.

Como um afiliado, você tem um trabalho a fazer: vender o produto e ganhar dinheiro!

O marketing da filial é definitivamente a estratégia mais inteligente.

> ### ➢ *Precisas de mais convicção?*

Os comerciantes da filial pode criar blogs rentáveis mais rápido do que ninguém, porque você não está gastando meses investindo tempo e dinheiro na criação do produto. Você pode escolher entre centenas de produtos de alto desempenho e apresentá-los em seu blog com apenas alguns cliques.

Os comerciantes da filial pode gerar renda que é quase puramente passivo. Você não está envolvido em suporte, desenvolvimento ou atualizações, o que o deixa livre para criar conteúdo, criar suas listas de e-mail e avaliar os produtos do desenvolvedor que lhe dará o máximo de dinheiro possível.

E o marketing da filial também pode apresentá-lo a produtos de venda quente, dando-lhe idéias para o seu próprio produto mais tarde na estrada uma vez que seu blog é criado e você está gerando tráfego constante! Você saberá exatamente que tipo de produtos você vende sem ter que testar extensivamente seus próprios produtos, minimizando o risco de falha.

É uma situação em que todos ganham.

A única exceção a esta regra é se o usuário for um fornecedor de serviços. Se você ganhar dinheiro oferecendo consultoria, venda de imóveis ou qualquer outro tipo de serviço, você vai querer começar a oferecer esses serviços em seu blog desde o início. Mas se você não é um prestador de serviços, marketing afiliado é a única estratégia de monetização que você deve se concentrar.

Isto é o que tens de vender...

Se você está pensando, "Que tipo de produtos da filial devo vender? Essa é a única coisa com que se preocupar ao escolher como rentabilizar o seu blog.

A chave do sucesso não é ir atrás de mercados baratos. Não cometa o erro de pensar que é melhor vender um produto de $10 porque é provável que mais pessoas o comprem. Não é verdade, não é lógico. Na verdade, você vai tornar as coisas mais difíceis para si mesmo e tem que trabalhar muito mais duro para gerar uma renda decente a cada mês.

Em vez disso, faça o que os blogueiros profissionais fazem: comece com produtos de afiliados de alto nível ($77 e acima) e vá para baixo. Não só ganhará mais dinheiro, como não terá de vender quase tantas cópias para o fazer!

A única maneira de um produto de baixa qualidade funcionar é se você tiver um suporte sólido de produtos mais caros. Na edição, os autores chamam este primeiro produto (livro 1 de sua série) de líder perdido. Basicamente, você está vendendo a um preço baixo o suficiente para qualificar compradores (em vez de motores de busca gratuitos), enquanto seduzindo-os a comprar seus produtos backend mais caros. É aí que fazes o teu dinheiro.

No marketing da filial, a única maneira de vender uma oferta inicial a um preço baixo faz sentido se você tiver uma série de ofertas de alto preço para trás fim de agarrar. Quando você começa a blogar (e no marketing da filial), é muito mais fácil ir para o ouro e promover ofertas de preços mais elevados em sua frente, enquanto corta seus dentes no processo.

Além disso, como você promover ofertas da filial e criar suas listas de e-mail, você pode facilmente lançar seu próprio produto mais tarde, a um preço mais elevado, porque você tem cultivado grupos de assinantes que se sentem confortáveis pagar preços mais elevados.

E lembre-se, a métrica que está acima de todas as outras é o número na sua lista de discussão. Não se preocupe com os assinantes de feeds RSS - que já não valem a pena considerar - apenas se concentre em construir suas newsletters, pois isso será o verdadeiro preditor de quanto dinheiro seu blog vai ganhar.

O QUE PRECISAS DE SABER:

Como você pode encontrar os melhores produtos da filial para o seu blog?

A solução mais fácil é juntar-se à rede de publicidade da Chitika aqui: https://chitika.com/publishers

Embora haja muitas redes de anúncios diferentes (e eu vou compartilhar com você alguns outros que ganham dinheiro em um momento), Chitika é uma das principais redes de anúncios online.

Aqui estão alguns outros que já usei. Estes são todos recursos fantásticos para novos blogs:

*LinkShare: *Rakuten Marketing:*

<font color=#38B0DE>-=https://www.linkshare.com/=-

Orgulhosamente Presentes

Uma das maiores redes de afiliados online com mais de 10 milhões de associações afiliadas. Você não ficará sem escolhas de produtos e serviços para escolher.

Commission Junction:

Fonte cor=#38B0DE>-=http://www.cj.com/=- Orgulhosamente Presentes

Este é o que eu comecei há muitos anos atrás (eu até tenho um apito de trem de madeira que eles enviaram para sua primeira onda de afiliados), e eu ainda o uso hoje. Rede de publicidade muito confiável e confiável.

ShareASale:

<font color=#38B0DE>-=https://www.shareasale.com/=-

Orgulhosamente Presentes

Uma das redes de publicidade mais populares com mais de 3.000 comerciantes participantes, então você vai encontrar uma tonelada de produtos para promover.

Programa de Afiliados da Amazon:

Fonte color=#38B0DE>-=https://affiliate-program.amazon.com/=- Orgulhosamente Presentes

Embora a taxa de pagamento seja menor do que muitas outras redes, elas oferecem a possibilidade de vender produtos de uma marca altamente reconhecida, além de ter acesso a todo o seu estoque de produtos. Eu recomendo tentar um punhado de produtos quando você começar a escrever em seu blog, como eles são excepcionalmente fáceis de usar.

Vou incluir algumas das outras redes de publicidade que utilizei no final deste relatório na secção de recursos. Por enquanto, junte-se a estas quatro redes e procure no seu inventário por um punhado de produtos que sejam relevantes para o seu nicho e no que você acha que os seus visitantes estariam mais interessados.

Em seguida, crie o seu conteúdo. Se você tem um orçamento apertado e planeja terceirizar a maior parte do trabalho, gaste a maior parte do seu dinheiro no desenvolvimento de conteúdo. É assim que você vai se destacar de outros blogs em seu mercado, atrair a atenção do seu público e incentivar o tráfego repetido. Se não fizer mais nada, gaste tempo (ou dinheiro) para criar conteúdos KILLER da mais alta qualidade possível.

➢ *Não tens a certeza sobre o que escrever?*

Pesquise os 10 melhores blogs em seu nicho de mercado. Veja o que eles estão escrevendo, que tipo de manchetes e títulos estão usando. Quais artigos têm mais gostos e comentários? Escreva tudo o que encontrar, criando um slider de informação que o ajudará a criar o tipo de conteúdo que mais interessa a quem está no seu mercado.

Leva o tempo que quiseres com isto! Se você não tem certeza do tipo de conteúdo que seus visitantes mais querem, você realmente precisa passar algum tempo pesquisando antes de começar. Não demora muito. Passe uma ou duas horas verificando blogs populares e você terá rapidamente uma lista de ideias possíveis.

Lembre-se, tudo que você realmente precisa para começar a blogar é 2-3 itens de alta qualidade. Ou, vire o script e ofereça aos seus visitantes uma combinação de tipos de conteúdo, incluindo infográficos, artigos ou um vídeo.

E sempre configure sua lista de discussão opt-in antes de começar a direcionar o tráfego para o seu blog.

Se você quiser uma opção acessível e fácil de usar, visite http://www.MailerLite.com ou http://www.MailChimp.com e, em seguida, integre um aplicativo de opt-in como LeadPages.net ou OptinMonster.com para simplificar o processo.

Recapitula:

- Crie 2-5 peças de conteúdo assassino na forma de artigos, infográficos ou vídeos.

- Invista num serviço de mailing list e configure o seu e-mail de boas-vindas/ apresentação. Não vender nos primeiros 2-3 e-mails.

- Ofereça-lhes UMA coisa de graça: um relatório, um download gratuito, ou outra coisa que atraia o seu mercado.

- Integre 1-3 produtos afiliados ao conteúdo do seu blog e às newsletters da lista de discussão.

- Quando puder pagar, compre um plug-in opcional para listas de discussão que capturem potenciais clientes.

Você pode passar sem isso simplesmente incorporando o código de registro de sua lista de discussão em seu próprio blog, mas honestamente, aplicativos como OptinMonster.com são muito mais profissionais, pois não apenas criarão pop-ups ou formulários de site automaticamente, mas você também pode personalizá-los para que apareçam com base na atividade do usuário (por exemplo, quantas vezes o visitante esteve lá, onde o visitante está em seu site, etc.).

- Avaliar regularmente os produtos afiliados de dentro das redes de afiliados. Mantenha o pulso no seu mercado, visitando constantemente blogs criados em seu nicho, a fim de manter-se com o tipo de conteúdo que você está recebendo muita atenção, bem como o tipo de produtos que você está vendendo.

- Gerar tráfego! Envolva potenciais visitantes através das redes sociais, crie campanhas publicitárias com a rede de visualização de conteúdo do Google, utilize fóruns e comunidades no seu nicho para apresentar o seu blogue e maximizar a exposição.

Conclusão

Quero que comeces a vender hoje. Não cometa o erro que muitos blogueiros novatos cometem e pense que você deve primeiro aumentar sua lista de assinantes para 1.000 antes de começar a vender. Não se preocupe em ter conteúdo "suficiente" no seu blog.

Comece por publicar 2-3 artigos altamente informativos em seu blog que será de interesse para o seu público-alvo e escolher entre 1 a 3 produtos da filial para promover. Dividir isso e apresentar um produto para cada 2-3 artigos em seu blog, com as outras ofertas da filial que são enviados para seus assinantes da newsletter.

A chave é não ser insistente. Fornecer conteúdo valioso que atrai visitantes e integra uma ou duas ofertas de afiliados em sua estrutura de blog. Dessa forma, você não está colocando isso na cara deles, mas sim lembrando-os de uma ferramenta ou serviço útil que os ajudará de alguma forma.

É difícil ficar motivado como um blogueiro se você não está ganhando dinheiro, então se você começar seus esforços imediatamente, em vez de tentar aperfeiçoar tudo, você verá os resultados muito mais rápido. Você também pode gerar receita que irá para a formação de sua equipe, contratação de escritores e profissionais de marketing.

Uma vez que você tenha descontado o primeiro cheque ou aceito o primeiro pagamento Paypal para suas vendas de afiliados, confie em mim, você será enganchado.

Agora sim, desejo-lhe o melhor em seus resultados, e lembre-se, tudo é prático; teoria sem ação não tem utilidade para você.

Um grande abraço, o teu amigo Gaston!

By the way, quando você conseguir seus resultados pouco a pouco, eu recomendo altamente que você, se você quiser aprender muito mais sobre os métodos de fazer dinheiro, o meu livro, sobre "Ganhar dinheiro com a sua conta INSTAGRAM", é um livro que eu tenho certeza que vai ajudá-lo muito no seu caminho para a "liberdade financeira". Sem mais delongas, você pode encontrá-lo no motor de busca da Amazon, como: "Ganhe dinheiro com sua conta instagram" ou procurando meu nome, como: "Gaston

Echevarria"... Mais uma vez, desejo-lhe sucesso nos seus resultados!

Recursos adicionais

Recursos da Campanha

Aqui estão links para os recursos encontrados neste guia:

Redes de publicidade:

LinkShare: https://www.linkshare.com/

Comissão Junção: http://www.cj.com/

ShareASale:
https://www.shareasale.com/

Programa Parceiros Amazônicos:
https://affiliate-program.amazon.com/

Rede de afiliados do Google:
https://www.google.com/ads/affiliatenetw
ork/

Top Choice for Digital Products:
www.JVZoo.com

Dica profissional: Ofereça valor acrescentado transformando o seu conteúdo em formulários PDF transferíveis que os seus visitantes vão adorar! == sync, corrected by <font color="#00ff00">elderman ===== for <font color="#00ffff">http://www.PostGopher.com ===

Formas opcionais/construtores de listas:

http://www.OptinMonster.com

http://www.LeadPages.net

Fornecedores de listas de correio:

http://www.mailerlite.com

http://www.MailChimp.com